KB200412

초롱이는 하나님바라기

# 초롱이는
## 하나님바라기

글·그림 초롱

규장

내 영혼아 네가

어찌하여 낙망하며

어찌하여 내 속에서 불안해 하는가

너는 하나님께 소망을 두라

그가 나타나

도우심으로 말미암아

내가 여전히 찬송하리로다

시 42:5

웹툰 연재를 하면서 힘든 일을 겪을 때마다
이 말씀이 나를 지켜주고 일으켜 세워주었다.

나의 재능도, 나의 시간도,
나의 꿈과 삶의 목표도 다 주님의 것….

주님을 사랑하는 평범한 청년의
일상을 살아가며 하는 고백이
하나님을 기쁘시게 하면 좋겠다.

2011년부터 갓피플에 웹툰을 연재했다. 그리고 본격적으로 소셜미디어에 웹툰을 올리고 활동한 지는 2년이 되었다. 그동안 내 삶은 어떻게 바뀌었을까? 갑자기 늘어난 팔로워 수, 실시간 댓글과 수많은 사람의 반응, 방송 출연과 인터뷰…. 내가 구하지도, 꿈꾸지도 않았던 삶으로 하나님께서는 그분의 계획대로 나를 인도하고 계셨다.

좋은 일도 많았지만 보이지 않게 힘든 일도 많은 것이 SNS 활동이다. 악성 댓글과 비난으로 눈물을 흘리며 몇 번이나 "주님, 초롱이와 하나님 계정을 지워도 될까요?"라고 기도했지만, 하나님께서는 묵묵부답이셨다.

대신 동역자를 보내주셨다. 가장 힘들 때 모든 것을 털어놓을 수 있는 친구들과 가족이 늘 곁에 있었고, 코로나 19로 2020년 2월 잠언 필사를 시작한 후 하루도 빠짐없이 성경 필사를 권면하며 매일 한 장씩 쓰다 보니 온라인 필사 공동체가 생겼다. 이제 '초롱이와 하나님'을 검색하면 웹툰 대신 성경 필사 글만 10,000개가 넘는다.

어느 날 왜 이렇게 많은 팔로워를 주셨는지 주님께 물어본 적이 있다. 주님께서는 나에게 통로 역할을 하는 다리가 되라는 마음을 부어주셨다. 어렸을 때부터 작은 개척교회에서 자라 잘 알고 있는 개척교회의 사정, 선교지 빈민가에서 만난 굶주린 아이들의 눈빛과 하나님의 마음, 전적으로 하나님을 의지하는 삶을 선택하여 누군가의 후원으로 살아야 하는 선교사의 삶, 이 모든 것을 경험한 나에게 팔로워는 마치 하나님께서 주신 100달란트 같았고, 주님께서 나에게 물으시는 것 같았다.

"넌 100달란트로 무엇을 했느냐?"

'초롱이와 하나님' 계정은 나의 고백만을 담는 공간이 아니다. 하나님의 마음을 담아 이웃을 돕는 일에 더 큰 목표를 두고 사역자의 마음으로 이 일을 하고 있다. 교회를 돕기 위해 설립한 온라인 스토어 '초롱이네 문방구'를 운영하며 매달 미자립교회에 문구를 보내드리고, 자선단체 컴패션과 함께 동역하며 빈민가 어린이들을 돕는 데 힘쓰고 있다. 그리고 때때로 선교사님을 위한 후원 모금을 통해 선교사님의 사역을 도우며 통로의 역할을 감당하고자 한다.

2020년 1월 1일, 너무나 지치고 힘든 내겐 어떠한 계획도, 목표도 세울 힘조차 없었다. 주님께 고백한 것은 "주님께 흰 도화지를 드립니다. 주님께서 마음껏 사용해주세요." 모든 일은 주님께서 시작하셨고, 주님께서 이루어 가실 것을 믿는다. 난 그저 주님 곁에 꼭 붙어 있으면 된다. 해만 바라보는 해바라기처럼, 주님의 얼굴만을 바라면서….

2020년 10월

하나님만 바라보는
김초롱작가

차례

프롤로그

PART 1　초롱이의 일상

01　언제나 함께　　　　　　　　　　　　　14

02　오늘 집을 나서기 전　　　　　　　　　　20

03　기도해 주어라　　　　　　　　　　　　　22

04　주일 아침에 만난 청년　　　　　　　　　27

05　삶을 변화시키는 작은 힘　　　　　　　　31

06　하나님이랑 친해　　　　　　　　　　　　36

07　문이 닫히면　　　　　　　　　　　　　　42

08　나를 통해 너를 보아　　　　　　　　　　47

09　상식이 통하는 그리스도인　　　　　　　　52

10　초롱이와 하나님　　　　　　　　　　　　57

11　사랑이란 이런 걸까?　　　　　　　　　　64

12  울 수 있는 곳                          70

13  평신도의 절규                          75

14  거절감에 관하여                         79

15  엘리트만 모이는 교회                     84

16  받아들여진다는 것                        90

17  마지막과 처음                          94

18  배 속에 뭐가 있어요?                   100

19  자유케 하셨네                         104

20  하나님에 대한 오해                     110

21  널 찾았어                            116

22  풍성하신 하나님                        121

23  언제쯤 다시                    126

24  관계의 거리                    130

25  평범한 하루                    134

26  그런 날이 있었다                136

27  시간을 지혜롭게                140

28  고난이 유익한 이유              145

29  솔직한 질문                    152

30  비교하지 말자                  157

31  두려움이 다가와도              160

32  나는 곤고한 사람이로다          163

33  해방되었네                    167

34  말씀이 주는 위로                171

35  저녁 산책                      175

36  힘이 없는 날                    179

37  나뭇잎 같아서                  182

38  불면증                        186

39  능력의 하나님을 믿느냐          190

40  하나님의 생각                  193

41  잠언을 통해 얻는 지혜            196

42  하나님께 안기자                201

43  불꽃이 모여                    207

## PART 2 초롱이의 한 컷 묵상

44 예수님 있잖아요      214

45 예수님 죄송해요      215

46 감사한 하루      216

47 죄의 큰 특성      217

48 축복받았다      218

49 혼자 가는 길      219

50 결심      220

51 위로받을 수 있는 우리      221

52 로마서 12장 2절      222

53 우리 사이에는      223

## PART 3 초롱이의 선교 여행

54 빛과 소금일까?      226

55 사랑할 것을 사랑하자      231

56 생명보다 귀한 것      237

57 우리가 즐거운 이유      243

58 나에게 나타나신 하나님      253

59 자이마씨 1      266

60 자이마씨 2      275

61 자이마씨 3      286

에필로그

PART 1

## 초롱이의 일상

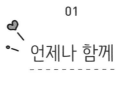

01

# 언제나 함께

DAY 4

DAY 5

토닥..

온 세상 다 날 버려도
주 예수 나 안 버려
끝까지 나를 돌아보시니

찬송가 88장

주님을 사랑하는 마음을 어떻게 표현할까?

02

# 오늘 집을 나서기 전

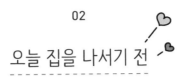

오늘 집을 나서기 전 기도했나요

맘에 분노 가득할 때 기도했나요

나의 앞길 막는 친구 용서했나요

난 그럴 생각도 없어!!

기도는 우리의 안식
빛으로 인도하니

앞이 캄캄할 때 기도 잊지 마세요

- 찬양 '오늘 집을 나서기전' 중에서 -

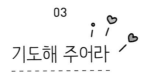

03
# 기도해 주어라

몇 년 전, 성남에서 애오개까지 출퇴근할 때였다.

출근길인데
퇴근하고 싶다...

디자이너
초롱

그날도 겨우 몸을 이끌고 지하철 환승을 하려는데

그날따라 그분을 보자마자

마음에 이런 생각이 훅 들었다.

기도해 주어라

짧은 시간에 엄청난 내적 갈등이 시작됐다.

그래서 엄청 용기를 내어 그 여자분에게 말을 걸었다.

혹시, 괜찮으시다면 제가 배에 손을 얹고 기도해드려도 될까요?

그러자 그분은 고개를 끄덕이셨다.

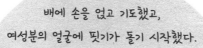

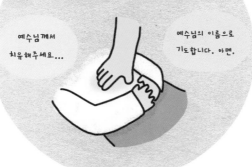

배에 손을 얹고 기도했고,
여성분의 얼굴에 핏기가 돌기 시작했다.

예수님께서
치유해주세요...

예수님의 이름으로
기도합니다. 아멘.

급히 일어나 도착한 열차를 탔는데,
여성분도 나와 같은 지하철을 타셨다.

내가 걱정한 거부감과 불편함 대신
편안함과 고마움을 내비치셨다.

이 일을 겪은 후
그런 생각을 했다.


내가 느끼는
거절감, 불편함, 그리고 체면 때문에

내가 먼저 전도를 거부하고,
도움이 필요한 사람들을 외면하고,
기도해 주는 것을
내가 스스로 거부해온 것은 아닐까?

또 누구든지 제자의 이름으로
이 작은 자 중 하나에게
냉수 한 그릇이라도 주는 자는
내가 진실로 너희에게 이르노니
그 사람이 결단코 상을 잃지 아니하리라
하시니라

마 10:42

04

# 주일 아침에 만난 청년

- - - - - - - - - - - - - - - - - - -

아침 10시에 교회를 갈 때면

지하철역 앞은 항상 등산객으로 북적북적했다.

날씨가 좋아서 그런가
사람이 평소보다
더 많네…

늦지 않게
언능 가자~

많은 인파 속에 오늘따라 유독
어색하게 포교 활동을 하는
한 여학생이 눈에 들어왔다.

어제 드로잉 클래스 때 만나
'하나님의 뜻이 무엇일까?'
이야기를 나누고 서로 진심으로 응원했던
동생들과 비슷한 또래로 보였던 청년.

교회로 가는 내내 그 얼굴이 떠나질 않았다.

우리는 예수님을 믿고 천국 소망을 바라며 살고 있는데,
그 청년은 한국 사람인 늙은 아저씨를 구세주로 믿고
주일에 그렇게 땡볕 아래 서 있다니…

교회에 도착해서 찬양대 연습을 하는데
눈물이 차올랐다.
슬펐다. 너무 슬펐다.

주일에 교회에 가는 것, 하나님을 예배하는 것,
예수님 이름으로 기도하는 것에
우리는 너무 익숙해 있는지도 모른다.

주님께서 우리의 구원을 위해 치르신 대가를 생각하면
나의 삶의 태도와 방향성은 지금보다 나아지리라.

다음에 또 그 청년을 만나면
《초롱이와 하나님》책과 복음을 정성스레 쓴 편지를
전해주고 싶다.

내가 원하는 것은 논쟁이 아니라
내가 만난 하나님과 그 사랑을 전달하는 것이기에…

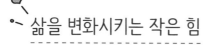

# 05

# 삶을 변화시키는 작은 힘

올해 클래스를 준비하면서
'감사 일기'에 대한 마음을 주셔서

숙제를 말씀 한 구절과 함께
감사 일기를 매일 쓰는 것으로 정했다.

이제 나의 하루 일과가 되어버린

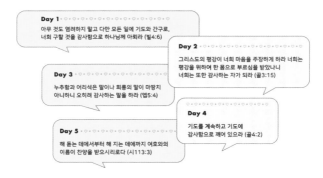

**Day 1** ○◇○◇○◇○◇○◇○◇○◇○
아무 것도 염려하지 말고 다만 모든 일에 기도와 간구로, 너희 구할 것을 감사함으로 하나님께 아뢰라 (빌4:6)

**Day 2** ○◇○◇○◇○◇○◇○◇○◇○
그리스도의 평강이 너희 마음을 주장하게 하라 너희는 평강을 위하여 한 몸으로 부르심을 받았나니 너희는 또한 감사하는 자가 되라 (골3:15)

**Day 3** ○◇○◇○◇○◇○◇○◇○◇○
누추함과 어리석은 말이나 희롱의 말이 마땅치 아니하니 오히려 감사하는 말을 하라 (엡5:4)

**Day 4** ○◇○◇○◇○◇○◇○◇○◇○
기도를 계속하고 기도에 감사함으로 깨어 있으라 (골4:2)

**Day 5** ○◇○◇○◇○◇○◇○◇○◇○
해 돋는 데에서부터 해 지는 데에까지 여호와의 이름이 찬양을 받으시리로다 (시113:3)

감사에 관한 말씀을 찾고, 나누고, 기록하다 보니

내 삶에 작은 변화가 생기기 시작했다.

오늘은 어떤 감사한 일들이 일어날까?

저녁에 감사 일기에 뭘 쓸지 기대된당♥

감사 일기를 쓰는 것이 점점 즐거워졌고
오늘을, 하루를 기대하게 되었다.

신앙생활을 할 때 가끔 우리는 깊은 바다에 빠진다.

하나님의 사랑을 향한 의심의 바다

- - - - - - - - -

유독 나에게만 하나님의 은혜의 손길이
미치지 않는 것 같은 생각의 바다

- - - - - - - - -

내 존재 자체로는 사랑받지 못한다는 거짓의 바다

- - - - - - - - -

회복을 간절히 바라면서도
깊은 바다에 허우적대다 보면

나의 길을 안내해 줄 등대도,
작은 불빛조차 보이지 않는 순간이 있다.

진정한 회복의 열쇠는 어쩌면
매일의 삶 가운데서 일어나는 아주 작은 일일지도 모른다.

중요해 중요해
너무 중요해♡♡

☐ 매일 감사한 것 5가지 이상 적기 ♥
☐ 매일 성경 1장이라도 꼭 읽기 ♥
☐ 매일 하나님께 의심 섞인 기도가 아닌
　 하나님을 찬양하고
　 예수님께서 이미 내 삶에 행하신 것들을 **기억**하고
　 그의 선하시고 인자하심을 선포하는 기도하기 ♥

**(사랑하는 사람을 위해 중보기도도 잊지 않기!)**

내가 좋아하는 말이 있다.
"매일 하면 위대해집니다!"
감사도 그렇다.

"매일 감사하면 삶을 기대하게 됩니다!"

+ + + + + + + + + + + + +

의심의 바다에서 기대의 바다로,
막막했던 망망대해가
하나님의 사랑으로 느껴지게 하는 힘.

감사에 그 열쇠가 담겨 있다.

그리스도의 평강이 너희 마음을 주장하게 하라
너희는 평강을 위하여
한 몸으로 부르심을 받았나니
너희는 또한 감사하는 자가 되라

골 3:15

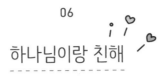

# 06
# 하나님이랑 친해

ㄴ019년, 올해 초부러
하나님의 뜻을 구한 기도가 있었다.

그럼 그럼
당연하지 ♥

함께 기도해주세요.

최근에 내가 마주한 결과는

가능성

0%

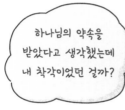

하나님의 약속을 받았다고 생각했는데 내 착각이었던 걸까?

. . .

그런데 우리 아빠는 항상 이렇게 말씀하셨다.

아빠는 "YES!"라고 응답받았어. 믿음으로 기다려보자.

하지만 몇 개월이 지나면서 나는

믿음보다 마음으로 애써 부인하는 것을 선택하곤 했다.
간절히 바라면서도.
(사랑은 참 아이러니한 존재야)


그런데 아빠는 흔들림이 없었다.

시간이 흐르고 흘러
아빠 생신이어서 같이 식사를 하고
집으로 돌아오는 길

아빠, 있잖아.
아직도 그렇게 될 거라고
생각해요?

초롱

응응

아부지

어떻게 그렇게
확신해요?

초롱

아빠 하나님이랑
친해

어제 성경공부 주제 중 하나였던
기도의 응답!

기도 응답은 하나님과 깊은 친밀감 속에서
자연스럽게 분별이 가능하다는 내용이 떠올랐다.

우리 아빠지만 너무 멋있다······★

나도 나중에 부모가 되면 우리 아빠처럼
말할 수 있는 엄마가 되고 싶어!

엄마는 어떻게 그렇게
믿을 수 있어요?

엄마는 하나님 엄청 사랑해~!
하나님은 사랑의 하나님이시란다.

하나님이 우리를 사랑하시는 사랑을
우리가 알고 믿었노니 하나님은 사랑이시라
사랑 안에 거하는 자는 하나님 안에 거하고
하나님도 그의 안에 거하시느니라

요일 4:16

# 07

# 문이 닫히면

하나의 문이 닫히면

하나님께서 다른 문을
열어주신다.

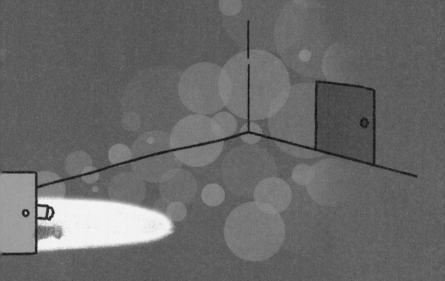

좌절하지 않기

그리고
하나님의 인도하심을
신뢰하기

사람이 감당할 시험 밖에는
너희가 당한 것이 없나니

**오직 하나님은 미쁘사**

너희가 감당하지 못할 시험 당함을 허락하지 아니하시고
시험 당할 즈음에 또한 피할 길을 내사

**너희로 능히 감당하게 하시느니라**

고전 10:13

08

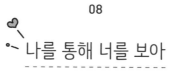

나를 통해 너를 보아

SNS를 하다 보면

휙 휙

· · ·

어느 순간 내가 너무 작게 느껴질 때가 있다.

이렇게 넓고 넓은 세상에서
나는 겨우 이만해 보인다.

다른 사람들의 삶을
너무 쉽게 들여다 보니

그들의 삶을 보고 나를 보면
순간, 나의 초라함이 더 부각 되어 보인다.

그때 기도했는데 하나님께서 이런 마음을 주셨다.

> 난 원래 예수님 없이
> 소망조차 없는
> 나약한 인간일 뿐인데

이는 그리스도 예수 안에 있는 생명의 성령의 법이
죄와 사망의 법에서 너를 해방하였음이라

롬 8:2

죄와 사망의 삶 가운데 십자가의 사랑으로
생명이 내 안에 들어왔고

너희는 세상의 빛이라

마 5:14

세상을 통해
나를 들여다보지 않고

말씀을 통해
내가 누구인지 볼 것.

예수님을 통해
내 자신을 바라볼 것.

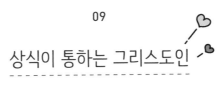

# 09

# 상식이 통하는 그리스도인

나는 그래픽디자이너로
직장인, 프리랜서 생활을 오래 했는데

첫 직장 : 스타벅스 코리아 담당 에이전시

중국회사에서 내 디자인
완전 똑같이 카피도 함
…헐허

김연아 아이스쇼 디자인해서
연아님도 뵙 卿卿

중국인 대상 관광잡지 디자인 팀장

홍보회사 계열사 브랜드 디자이너

호주 외국사역단체에서
브랜딩 & 편집디자인

초하로 전업작가
생활한지는 딱
1년 됐네..

카톡이모티콘도
내 이름으로
두개나 있당

(초하 : 초롱이와 하나님)

11년 동안 일을 하며 구두계약을 하고
돈을 못 받은 곳은 기독교 사역단체 딱 한 곳뿐이다.

그때 통화하면서 펑펑 울었었는데,
15살에 주님을 뜨겁게 만난 이후
처음으로 느낀 깊은 실망감 때문이었다.

나는 기독교 관련 단체에서
영화 홍보나 만화 제작 제의를 많이 받는 편이다.

그런데 제작비용 이야기를 꺼내면
답 메일이 안 오거나,

그냥 해주면 안 되느냐의 회신이
99.9%이다.

이런 상황에서 나는
이 질문을 하지 않을 수 없다.

어디까지가 이용당하는 것인가?
어디까지가 사랑과 섬김인가?

나는 기도하며 스스로 답을 찾는다.
이 일이 내가 가진 달란트로 주님을 섬기는 것인지,

아니면 기독교 컨텐츠 창작자들이
열심히 작업하면서도 굶을 수밖에 없는
악순환의 고리에 동참하는 것인지.

그리고 가진 나의 두 번째 질문

다른 직업, 다른 위치에서
일상을 살아가는 우리는
어떻게 각자의 자리에서 하나님께
영광을 돌릴 수 있을까?

사람들은 거룩한 삶을 살아야한다고 말을 하지만

어떤 사람은 거짓말로　　　어떤 사람은 게으름으로

다양하고 사소한 행동으로 거룩함을 잃는다.

지루하고 반복되는 일상이라 하더라도,
특별한 달란트가 없어도,
삶 가운데서 예수 그리스도를 닮은
거룩함을 추구하는 것.


지금 주어진 환경에서

정직하자.
- - - - - - - - -
성실하자.
- - - - - - - - -
최선을 다하자.


주님께 하는 것처럼.
주님 앞에서 하는 것처럼.

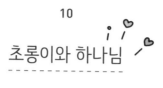

# 10
# 초롱이와 하나님

상식이 통하는 그리스도인을 그리고 나서
왠지 모르게 SNS를 확인하는 것이 두려웠다.

헐 댓글이 몇 시간 만에 100개가 넘었어..?₀₀

많은 댓글 수는 나에게 긴장감을 주기 때문이다.

내년 1월이면 '초롱이와 하나님'을
연재한 지 꼬박 10년이 된다.

단지 그림으로 하나님께 사랑을 표현하고 싶어 해왔는데…


작년에 책을 낸 이후
내가 생각하지 못한 일들이 벌어졌다.

모진 말을 들어도 나는 '기독교 만화'를 하기 때문에
항상 친절하게 대답해줘야 하는 나.

나는 그렇게 정죄와 비난,
욕설과 시기 질투, 판단에 익숙해져 갔다.

████ ███ ████████████ ████████ 하
나님의 명령을 고의적으로 어기면서 님이 무슨
신앙을 전한다고 하는지요. 하나님을 슬프게 하
는 그림 더 그리지말고 그냥 교회나 다니고 지
내세요.

지하철에서
보고 눈물 뚝뚝..

지도하는 목사님이 제대로 지도를 안 하고 있는
것 같은데요...

어느 개새끼가 눈깔이 돌리고 지랄이야? 개새끼들아?
뼈가 작살나게 개박살을 내버리겠어.
18새끼들아. 확! 개새끼들아! 쳐 나가 돼져라.

내가 뭘
잘못했다고
이렇게까지
...

나도 사람인데
상처 받는데

나는 나를 예술가라고 생각한다.

야 하나님이래
패스 패스

전도하러
왔나
ㅋㅋㅋ

눈길도 주지
않는 사람들

이건 안돼
빨리
가자~

엄마이거

뭐야 서일페에
예수쟁이가
와~ㅋㅋ

그런데 '서일페'에서 누군가에게는
나는 일러스트레이터가 아닌 예수쟁이일 뿐이었다.

(서일페 : 서울 일러스트 페어)

페어가 끝나고 몇 주 동안 큰 슬럼프가 찾아왔다.
거의 먹지도 못하고 누워있기만 했다.

하나님을 아는 사람들도,
하나님을 모르는 사람들도 날 욕하는구나…

그러던 중, 두 교회에서 초청을 받아
내 이야기를 나누게 되었다.

솔직하게 이야기를 나눈 후…

집회가 끝나서 집에 가려고 하는데
자기도 비슷한 경험을 하고 있다며

작가님, 오늘 해 주신 이야기
정말 좋았어요..

응응...

제가 작가님이
겪으신 일이랑
너무 비슷한
상황이어서
...

조용히 웃으며 '너무 힘이 되었다'고
말해주는 고등학생을 만났을 때,

안녕하세요 작가님!!
███████ 교회 수련회에서 작가님과 처음
만난 학생이에요
공황장애랑 환청 환시 때문에 힘들어서 어떻게
버텨나가야하는지 질문했었는데 기억하시나
요?
작가님 덕분에 힘을얻고 기도하면서 잘 지내고
있다고 말씀드리고 싶어서 연락드렸어요

약도줄이고 즐겁게 잘 보내고 있습니다!!감사
드립니다 작가님

그리고 이 DM을 받았을 때 다시 한번 생각하게 되었다.

내가 우울증으로 힘들어했을 때
단 한 명이라도 교회를 다니는 사람이,
교회를 다니는 이런 나를 이해해줄 사람이
한 명이라도 있었다면 그렇게 괴롭지 않았을 텐데.

내가 청소년, 청년들에게 그런 사람이 되어 주면 좋겠다고
생각한 나의 다짐.
초하를 계속해야 하는 이유.

내가 좋아서 하는 그림이
다른 사람에게 힘이 되어 준다면,
그리고 하나님을 기쁘시게 해드린다면.

바꿀 수 없는 과거로 남아버린 나의 아픔을
주님의 영광을 위해 사용하시는 하나님이
정말 놀랍지 않은가?

# 11

## 사랑이란 이런 걸까?

나에게는 정말 그 무엇보다 귀한
조카가 있다.

이모
한 입만
아~

첫돌

오물오물

작은 손으로 과자를 나누어 주면

너무 고맙고 사랑스럽다.

사람들 사이에서 두리번거리며 나를 찾아

나에게 오려고 손을 뻗을 때

얼마나 사랑스러운지
그 감동은 말로 표현 못 한다.

조카를 꼬옥 안아주면서 드는 생각이

우리 하나님은 어떠실까?

자녀인 우리가 남에게 보이기 위해서
또는 억지로가 아니라
진심으로 하나님을 사랑해서
주님께 드렸을 때,

가장 어렵고 힘들 때
다른 것을 찾고 붙잡는 것이 아니라
하나님을 가장 먼저 찾을 때.

하나님께서는 내가 상상할 수 없는
마음으로 나를, 우리를 사랑하시겠지?

넌 존재만으로도
나를 행복하게 하는 사람

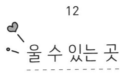

# 12

## 울 수 있는 곳

지난 금요일,

장시간의 선교 모임을 마치고
집에 가려는데

교회 본당에서 찬양 집회가 열리고 있었다.

교회에서, 선교팀에서 맡은 것들...
아무것도 신경 쓰지 않고 하나님 앞에 선 나.

눈물이 주르륵 흘렀다.

하나님, 사람들이 저보고 쉬래요.

내가 쉬면 이걸 책임지고
해 줄 사람이 없는데
왜 자꾸 쉬라고 하지…

그런데요. 주님, 저도 쉬고 싶은데 어떻게 쉬어야
진짜 쉬는 거죠? 쉬는 방법을 모르겠어요….

하나님, 기쁨을 찾으려고 이것저것 해봤어요.

나는 결코 스스로 나에게 진짜 기쁨을
줄 수 없다는 것을 깨달았어요.

하나님, 울고 싶었던 순간에 괜찮다며 참았지만,

사실 전 하나도 괜찮지 않았어요.

하나님, 제 병은 왜 안 낫는 거죠?

새벽마다 통증으로 깨서 주님을 부르짖는데,
전 왜 아직도 아픔과 싸우고 있죠?

집회의 자리에서 내 모습 그대로 주님 앞에 나아갔다.

그리고 내가 기도하며 마음 놓고 눈물 흘릴 수 있는 분이
계신다는 것을 깨달았을 때,
주님이 나에게 기쁨이자 휴식이자 위안이었다.

하나님이여 나를 지켜 주소서
내가 주께 피하나이다
내가 여호와께 아뢰되
주는 나의 주님이시오니
주 밖에는 나의 복이 없다 하였나이다

시 16:1,2

# 13

## 평신도의 절규

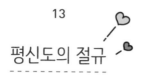

《초롱이와 하나님》웹툰 초창기를 생각해보면
평신도로서의
'절규'였던 것 같다.

초롱대리 종교있어?

네-저 교회다녀요

나같이 직장다니는 평범한 청년이
예수님 믿는 게 참 힘들지만,

그럼에도 회사에서
어떻게든 버티고 산다.
우리 함께 예수님 바라보고
힘내자!

웹툰이 나에게는 때론
이런 절규 같은 거였다···.

그리고 10년 전이나 지금이나···

예수님의 자리에 예수님이 아닌
돈, 권력, 명예, 자기 욕심으로
꽉 채운 기독교인의 이야기가 들린다.

체할것
같아

쓸쓸하다.
때로는 비통하다.

그들의 욕심이
예수님의 이름을
세상에
이상하게 비춘다….

지켜야 한다.
명예나 사회적 지위, 체면,
돈 따위가 아니라

어린아이와 같은 믿음을.

예수님을 향한 순수한 사랑을.

이르시되 진실로 너희에게 이르노니
너희가 돌이켜 어린 아이들과 같이 되지 아니하면
결단코 천국에 들어가지 못하리라
그러므로 누구든지 이 어린 아이와 같이
자기를 낮추는 사람이 천국에서 큰 자니라

마 18:3,4

# 14
## 거절감에 관하여

인간관계에서 가장 두려운 감정

"거절감"

어렸을 때 특정 그룹에서 제외를 당해본 경험은
누군가에게 평생 지우지 못할 상처로 남기도 한다.

♥ 짝사랑을 그리워하며 가슴앓이를 해도

상대방에게 거절당할까 봐 두려워
말 한마디 못 꺼내는 것처럼 거절은 참 두려운 것이다.

그렇게 경험된 거절감은 가끔 우리를

깊은 곳에 가두어두기도 한다.

그런데 하나님을 만난 이후
말씀을 묵상하면서

주님과 나와의 관계에서 어울리지 않는 단어가
'거절'이란 것을 깨닫게 되었다.

주님께서는 "나에게 오라!" 외치시는데

거절하는 것은 언제나 나였지,
주님은 단 한 번도 나를
거절한 적이 없으셨다.

그러한 하나님의 성품과 사랑이

나는 언제든지 달려가 안길 곳이 있고
난 언제나 받아들여지는 존재라는 것을 알려주셨다.


내 존재감은 하나님 사랑 안에 뿌리내려

난 자유해!!

두려움

거절감으로 인한 인간관계의 두려움은
점점 사라지게 되었다.

볼지어다 내가 문 밖에 서서 두드리노니
누구든지 내 음성을 듣고 문을 열면
내가 그에게로 들어가 그와 더불어 먹고
그는 나와 더불어 먹으리라

계 3:20

## 15
# 엘리트만 모이는 교회

처음 본 사람들과 강의실에서 예배를 드린 후,
한 사람씩 돌아가면서 한 주의 삶을 나누었다.

다들 감사한 것이 얼마나 많은지…

민음이 좋아 보이는 그 친구들 앞에서
내가 나눌 수 있는 이야기는 단 하나도 없었다.

사실 그때 난,

낮은 자존감

진로의 문제

불안한 미래
등등...

솔직하게 나누고 위로받고
같이 기도하고 싶은 심정이었다.

하지만 내 차례가 되었을 때,
나는 무표정으로 이렇게 말했다.

그리고 나는 그룹의 공기를
불편하게 바꾼 사람이 되어버렸다.

모임의 나눔을 들으면 들을수록
엘리트만 모인 그룹에서

나만 루저인 것 같아서 솔직해지기보다
입을 꾹 다무는 것을 선택했다.

교회나 신앙 공동체를 보면 가끔 '엘리트'만 모여

안녕하세요
전 괜찮아요!

나도 그들처럼 은혜 충만하거나
잘나지 않으면 그 자리에
함께하기 어렵다는 생각을 한 적이 있다.

그런데 성경을 통해 예수님을 묵상하면 할수록
누구든지 예수 그리스도 앞에
나아갈 수 있다는 것을 알게 되었다.

나의 배경도, 아픔도, 그분께 나아가는 것은
문제가 되지 않았다.

가면을 쓰지 않아도 안전한 공동체

예배하고, 나누고, 위로하고 위로받으며
하나님께서 말씀하신 '거룩함'을 함께 이루어 가는
교회가, 공동체가 많아지기를 오늘도 꿈꾼다.

# 16
## 받아들여진다는 것

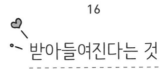

내가 경제적으로 너무 어려웠을 때,
사정을 알고 묻지 않고 밥을 사주던 친구들

우울증 때문에 힘들어할 때,
평소와 다름없이 나를 대해주던 가족들

내가 힘들었을 때, 있는 그대로 나를 받아 주고
기도해 주었던 사람들이 있었기에
난 그 시간들을 버티고 이겨낼 수 있었다.

난 교회가 그런 모습이면 좋겠다.

나의 아픔이 수군거림의 대상이 아니라
내 아픔을 감싸 안아 줄 수 있는 공동체가 되기를

혼자서는 견딜 수 없어 누군가의 도움이 절실히 필요할 때,
가장 먼저 손 내밀 수 있는 곳이 교회가 되었으면 좋겠다.

그리스도의 사랑을 본받아서…

누가 누구에게 불만이 있거든
서로 용납하여 피차 용서하되
주께서 너희를 용서하신 것 같이
너희도 그리하고

골 3:13

# 17

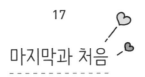

# 마지막과 처음

송구영신 예배를 일찍 드리고
집으로 돌아와 정리를 하다 보니
11시 50분이 되었다.

ㄴ019년의 마지막 날

벌써...

한 해의 마지막과 시작,
어떻게 보내면 좋을까?

아...
기도를
하자..!

조용히 무릎을 꿇고,
내가 가장 의지하고 사랑하는
예수님께 기도를 드렸다.

사랑들에게 나누지 못하는
나의 깊은 속마음까지 전부 털어놓았다.

오랫동안 해결되지 않았던 일.
마음이 힘들고 어려워
참 많이 낙심되고 무겁게 흐르던 며칠이었다.

그런데 예수님의 이름을 부르니
주님이 나와 함께 계시다는 것만으로

지금을 이길 수 있는 힘이 생겼다.

풍랑이 이는 파도 같은 마음에 깊은 평강이 찾아왔다.

# PRAYER

조용히 기도로 보낸 2019년의 마지막 시간과
기도로 맞이한 2020년의 첫 시간.

난 깨달았다.
새해 나의 유일한
계획과 다짐은

바쁘고 분주한 삶 속에서
기도의 시간을 빼앗기지 않는 것!

## 기도가

주님을 믿는 주의 자녀로,
주의 종으로, 주의 신부로
이 세상을 살아가는 나의

### 능력이자 힘이다

예수가 함께 계시니 시험이 오나 겁 없네
기쁨의 근원 되시는 예수를 위해 삽시다


날마다 주를 섬기며 언제나 주를 기리고
그 사랑 안에서 살면서 딴 길로 가지 맙시다

내 삶의 소망, 예수 그리스도

기대함이 없었던 새해
주님으로 인하여
기대하고 소망하며 바랍니다.
하나님께서 하실 일을...

내 영혼아 네가 어찌하여 낙심하며
어찌하여 내 속에서 불안해 하는가
너는 하나님께 소망을 두라
그가 나타나 도우심으로 말미암아
내 하나님을 여전히 찬송하리로다

시 43:5

## 18

# 배 속에 뭐가 있어요?

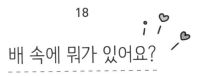

《초롱이와 하나님》작업을
동생과 함께 작업한지 며칠째···

제대로 못잔지
몇 주 지남 →

이모 무해요?

초하를 통해 하나님을 알리고 싶고
돕고 싶은 사람도 많은데…

잦은 밤샘 작업으로 몸은 지치고 피곤하지만,

이 생각 하나로 버티며 쉬지 않고 달린다.

왠지 모르게 와니의 그 한마디에
다시 일할 힘을 얻었다.

열심히 해야지 💜 최선을 다해야지 💜
우리 주님이 얼마나 좋으신 분인지

세상에 널리 알리도록...

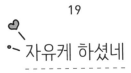

# 19
## 자유케 하셨네

나는 한때 집착할 정도로
먹는 것에 신경을 쓴 적이 있다.

자책하고 후회하는 최악의 사이클을 반복했다.

내가 그랬던 이유는
뚱뚱하다고 생각했기 때문이다.

'왜 그럴까?' 생각해보니

고등부 때 교회에서 간식으로 떡볶이를 먹는데

고등부 선생님께서 모든 사람 앞에서 하신 말씀이
얼굴이 빨개질 정도로 창피했다.

이전부터 있던 외모에 대한 부정적 생각이
비교와 함께 더해지고 더해져

수업이 끝나고 친구들과 분식을 먹거나
길거리에서 음식을 먹으며 걸어 다니지 않았다.
사람들이 나를 보고 수군거리는 것 같아서…

난 그렇게 나를 판단하며 외모와 몸무게, 칼로리에 집착했고,
그런 삶은 나를 더 고통스럽게 했다.

그렇게 시간이 흐르고 2014년.
독일에서 열리는 기독교 콘퍼런스에 참여했다.

정말 오랫동안 바랐던 꿈같은 유럽 생활!
하지만 나쁜 사고 방식은 여전했다.

난 나에게 화가 났고 나를 비난하기 시작했다.

그렇게 불편한 마음으로 예배당에 도착해 찬양을 드리는데
하나님께서 갑자기 안타까운 목소리로 말씀하셨다.

초롱아! 음식은 너를 위한
나의 선물이야!
그러니 음식을 마음껏
즐기렴!!!

나는 고개를 들 수 없을 정도로 절규하며 펑펑 울었다.

엉엉.. 주님ㅡ!!
저좀 도와주세요 흑흑

나도 내가 왜 이런지
모르겠고

저좀 제발
해방시켜주세요
엉엉...

저 미쳐버릴것
같아요 흑흑

하나님께서 이 문제도, 이 마음도 다 아시고
나를 자유롭게 해 주시고 싶으셨구나...

눈물의 기도 가운데 내 마음속 깊이 나를
옭아매던 사슬이 모두 끊어지는 것 같았다.

수치심 미움 오해 ....

나는 더 이상 음식과 칼로리, 몸무게와
내 외모를 향한 다른 사람들의 시선의 노예가 아니다.

주님께서
자유함을
주셨거든요!

그리고 누가 뭐라고 말하든,
나와 당신은
지금 모습 그대로
충분히 아름다워요!

**이제는 우리의 모습과 형상에 따라
사람을 만들자**
하나님께서는 당신의 형상, 곧
하나님의 형상을 따라 사람을 창조하셨다.

하나님이 지으신 그 모든 것을 보시니
보시기에 심히 좋았더라 ♡

창세기 1장 중에서

# 20

## 하나님에 대한 오해

다른 사람이 진 큰 빚을 내가 대신 갚아야 했던 3년…
20대의 마지막 그 3년은
내 삶에서 가장 이해가 되지 않는다.

난 그때의 기억이 별로 없다. 아니 지우려고 애썼다.

그 상황이 억울하고, 분노가 일어도
하나님을 원망할 수 없었던 것은
내가 의지할 곳이 정말 주님밖에 없었기 때문이다.

주님만 불러도 눈물이 흘렀다.

나는 그 시절이 미웠다—

그런데 얼마 전, 집사님과 식사를 하면서

평소에 말하지 않는 이 이야기를 나누게 되었다.

하나님께서 초롱 씨를 통해 가정을 세우시고
도저히 해결할 수 없을 것 같은 문제를
초롱 씨가 해결해줬잖아.
초롱 씨가 하나님의 소원을 들어주었네~

초롱씨는 하나님의 소원을 들어준 사람이야!

이 말을 듣는 순간, 버렸다고 생각한
3년에 대한 관점이 완전히 바뀌었다.

말씀이 애써 지우려 했던 3년을
어떠한 의미가 있는 시간이었는지 설명해주었다.

생각해보면 난 '소원'에 대한 고정관념이 있었던 것 같다.

하지만 '하나님의 소원'은 나의 삶의 여정 가운데
내 생각과 다를 수 있다는 것을 깨달았다.

그리고 며칠 뒤 늦은 밤, 말씀을 묵상하고 기도를 하는데…

주님께서 주신 마음에 나는 펑펑 울 수밖에 없었다.

또 여호와를 기뻐하라
그가 네 마음의 소원을
네게 이루어 주시리로다

시 37:4

"딸아, 이제는 네 소원을
이루어 줄 차례이다"

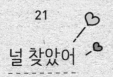

21

널 찾았어

터벅
터벅

끼이익—

쾅

흑흑...

내가 할 수 있는게
뭐지...

도망가고 싶다
숨어버리고 싶어

내가 누군가에게
사랑받을 수
있을까...

누가 날 신경쓰기라도
하겠어...

흑흑...

제발 날 아무도
찾지마...

제발 단 한 명이라도…
날 믿어주고 찾아와줬으면

사랑해줬으면…

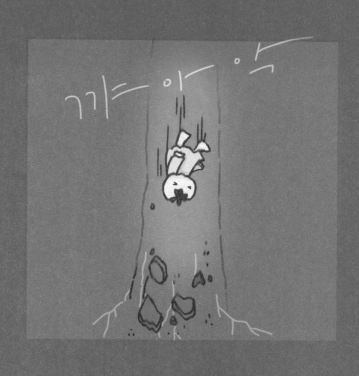

# 찾았다!

네가 자격이 없다면
내가 자격을 버린다
네가 가진 게 없다면
내게 있는 걸 주리라
그래 널 위해 왔단다
널 사랑한단다
지금 두드린다
널 사랑하리라

- 널 사랑하리라, 김복유 -

## 22
## 풍성하신 하나님

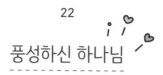

주님을 믿고 신앙생활을 하면서
신뢰하기 어려웠던 하나님의 성품 중 하나는
'풍성하신 하나님'

20대 때 드라마에서 일어날 것 같은 일이 일어난 후

출근길 지하철 주님만 불러도 눈물이 펑펑 나던 시절

한국에서 더 이상 살고 싶지 않아 무작정 떠난 호주.
선교사로 지내던 그때, 재정을 채워주시는
풍성하신 하나님을 경험하게 되었다.

3년 동안 여러 나라에서의 사역을 다 마치고

집에서 못 나간 지 일주일째

올해 2월부터 5월까지
초롱이와 하나님 책 작업으로 수입 0원.

일러스트 외주작업 1건 모두 병원비

그리고 6~7월은 ㅈㄱ선교로
재정활동 없는 상황.

2018년 1월부터 한국에 정착하기로 했는데,

다시 취업해야 하나?
웹툰 작업하려면 프리랜서의 삶을 선택해야 하는데…

여러 고민을 하던 중 지인들의 추천으로
카카오톡 이모티콘을 만들게 되었다.

(아직도 생생하게 기억나는 8월)

다른 교회 수련회에 난생처음
강사로 초청받아 가던 버스 안에서
카카오로부터 받은 메일을 보자마자 눈물이 흘렀다.

kakao emoticon studio

## 승인 되었습니다.

안녕하세요. 카카오 이모티콘 스튜디오입니다.
카카오 이모티콘에 관심 가지고 좋은 제안 주셔서 감사합니

제안 주신 이모티콘 시안이 승인되었습니다.
심사가 진행되는 동안 오랜 시간 기다려주셔서 감사합니다.

이모티콘의 벽이 승인되기 어렵다고 소문이 자자했는데…

그동안 마음고생 한 거 내가 다 안단다. 수고했어.

쓰담쓰담

엉엉… 주님 감사해요…

꾹꾹

내 걱정과 필요를 아시고
주님께서 도와주시는 손길이 느껴졌다. ♥

이번 출시하는 카톡은 초롱이 캐릭터도 아니고
기독교 관련된 카톡은 아니다.

카톡에서는 기독교 관련
이모티콘 제안을 더 이상 받지 않기 때문에
여전히 초롱이 캐릭터와 관련해 고민 중이고,
시안을 계속 만들고 있어요.

샬롬, 할렐루야! 이런 카톡도 받는데 왜 안된다는 거죠?

이런 질문 정말 많이 받았어요.
그건 종교 관련 이모티콘 제한이 생기기 전에 만들어진 것이랍니다.

✳ 실제 카톡 홈페이지 내용 - 특정 종교를 표현하거나 이를 주제로 한 콘텐츠 ✗

《초롱이와 하나님》을 연재하면서 세 번의 이모티콘 승인을 받았고,
재정을 공급하시는 하나님을 경험하게 된 내 삶의 간증이다.

이제 재정 걱정을 좀
덜고 계속 만화를 그릴 수
있을 것 같아요!

채워주시는 주님
감사합니다!!

너희 염려를 다 주께 맡기라 이는 그가 너희를 돌보심이라

벧전 5:7

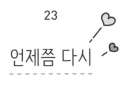

23

# 언제쯤 다시

세상이 이상해진 것만 같아요…

교회에 모여서 예배를 드리면
눈치를 받고 욕을 먹기도 하고

몇몇 작은 규모의 교회는 이번 사태로
아예 문을 닫게 되었다는 소식도…

전국의 교회 예배당은 거의 텅 비어있는
그런 주말이 지나갔어요.

또 다른 전염병이 오면
가장 먼저 교회부터 문을 닫으라고 할 것만 같은
사회적 분위기

우리나라는 이런 일이 없을 거라고,
아니, 이렇게 빨리 찾아올 거라고는
생각하지 못했는데…

그런 때가 벌써 찾아왔어요.

언제쯤 함께 모여 찬양할 수 있을까요?
언제쯤 함께 모여 예배할 수 있을까요?

하나님께서 모세에게 말씀하시기를
"내가 긍휼히 여길 사람을 긍휼히 여기고,
불쌍히 여길 사람을 불쌍히 여기겠다" 하셨습니다.
그러므로 그것은 사람의 의지나
노력에 달려 있는 것이 아니라,
하나님의 자비에 달려 있습니다.

롬 9:15,16 새번역

## 24
## 관계의 거리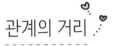

예수님께는 아주 특별한 장소(변화산)까지 함께한
제자 베드로, 요한, 야고보가 있었다.

이 말씀을 하신 후 팔 일쯤 되어 예수께서 베드로와
요한과 야고보를 데리고 기도하시러 산에 올라가사
눅 9:28

그리고 24시간 365일 동행한 열두 제자가 있었다.

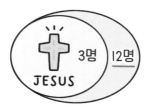

이에 열둘을 세우셨으니 이는 자기와 함께 있게
하시고 또 보내사 전도도 하며
막 3:14,15

사역을 한 70명과

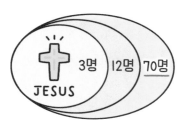

그 후에 주께서 따로 칠십 인을 세우사 친히
가시려는 각 동네와 각 지역으로 둘씩 앞서 보내시며
눅 10:1

120명이 모인 무리가 있었다.

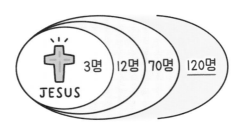

모인 무리의 수가 약 백이십 명이나 되더라
그때에 베드로가 그 형제들 가운데 일어서서 이르되
행 1:15

그리고 예수님의 기적을 보기 위해 모였던
허다한 무리와

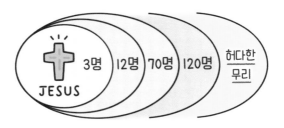

예수의 소문이 더욱 퍼지매 수많은 무리가
말씀도 듣고 자기 병도 고침을 받고자 하여 모여 오되
눅 5:15

예수님을 대적한 자들이 있었다.

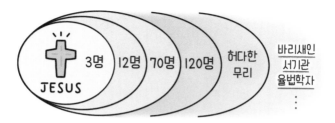

나는 지금 어디에 속해 있는 걸까?

사랑의 하나님께서는
우리에게 억지로 강요하지 않으신다.
이렇게 물으실 뿐이다.

**"네가 어디 있느냐"**

창 3:9

25

# 평범한 하루

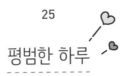

생각해보면

특별한 일 없는,

아무탈 없는
지극히 평범했던 하루는

은혜였다.

여호와는 너를 지키시는 이시라
여호와께서 네 오른쪽에서 네 그늘이 되시나니

낮의 해가 너를 상하게 하지 아니하며
밤의 달도 너를 해치지 아니하리로다

시 121:5,6

## 26
### 그런 날이 있었다

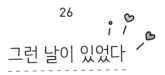

계획대로 일이 하나도 안되고
오히려 꼬이고 막히고
뒤집어지고 없어지고…

기도…
한마디도 안 나오던데…

그때 기도하지 못하고 멍—하니 있는
나 자신을 얼마나 자책했는지 모른다.

그때 지푸라기라도 잡는 심정으로
성경을 펼쳤다.

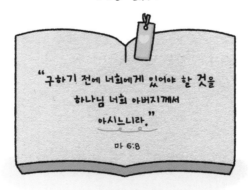

난 스스로 자책하고 면박을 주었는데
말씀이 나에게 책망 대신 위로를 줬다.

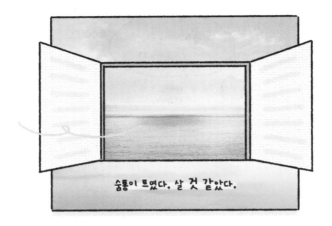

숨통이 트였다. 살 것 같았다.

"말씀 많이 읽어야 해."

잔소리로 들렸던 그 말.
하지만 이제는 그 이유를 안다.

말씀이 결정적인 순간에

지혜가 되고

나침반이 되고

힘이 되고

절망의 나락에서 소망으로 이끈다.

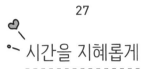

# 27

# 시간을 지혜롭게

요즘 참 어려운 것 중 하나가

째깍..                              째깍..

시간을 지혜롭게 잘 사용하는 것.

기술의 발전은 너무나 좋지만

생각 없이 너무 쉽게 내 시간을 빼앗는다.
한 시간 훌쩍은 금방...
(물론 나의 문제 탓이 크다 ㅠ-ㅠ)

어떤 이에게는 예배의 시간마저
핸드폰과 미디어에 빼앗겨 버렸다.

그런즉 너희가 어떻게 행할지를 자세히 주의하여
지혜 없는 자 같이 하지 말고 오직 지혜 있는 자 같이 하여
세월을 아끼라 때가 악하니라

엡 5:15,16

내 행동을 자세히 주의하는 것
그리고 "세월을 아끼라"는 구절은
내 가슴을 콕콕 찌른다.

그동안 그냥 흘려보낸 시간을 생각하면
후회도 되고, 반성도 되고, 죄책감도 들지만

여기서 멈추지 않고!
다시 마음을 잡고!
주님께 도움을 구하기로 했다!

제가 죄책감으로 저를 몰아세워
오늘 하루를 후회로 시작하고 끝내지 않도록.

시간을 지혜롭게 잘 써서
주님께서 사용하실 수 있는
준비된 그릇이 될 수 있게 주님 도와주세요!

예수님의 이름으로 기도합니다. 아멘. :)

# 28

## 고난이 유익한 이유

내가 사랑에 푹–빠진 사랑이 있다.
바로 우리 조카 와니♥

그럼 내가
지금 와니 보러
갈까?

마감은 뭐!
잠깐이라도
보고 와야지♥

JOKA
BABO

난 와니가 너무 사랑스럽고 ♥
잠깐 보기만 해도 하루가 행복하다.

얼마 전에 처음으로
걸음마를 하면서 나를 향해 걸어왔다.

하지만 걸음마 연습을 하면서
와니는 제 뜻대로 되지 않으면

바닥에 엎드려 서럽게 울곤 했다.

나랑 가족들은 얼마든지 손을 잡고
걸어줄 수 있지만 혼자 걷게 할 때가 있다.

그렇게 해야

홀로 걷는 법을 배우기 때문에...

손을 잡고 걷다가
곧 넘어질 걸 알면서도
혼자 걷도록 손을 살짝 놓아주는 것.


그리고 눈을 한 시도 안 떼고
옆에서 묵묵히 지켜주는 것.


와니는 손을 잡아주지 않는
우리를 이해할 수 없겠지만


그것이 와니를 위한
우리의 사랑 표현이다.


마음이 아파도 스스로 걷고,
성장할 수 있도록.

으아아앙

엉덩이 쿵했어요?
아이고 아파라

어쩌면 우리가 생각하는 '고난'이라는 시간은

우리 삶에 필수일지도 모른다.


말로 아무리 설명한다 해도
완벽하게 이해시킬 수 없는 것이 있다.

세월이 지나고 시간이 흘러 경험되어야만
알게 되고, 배우게 되는 것이 있기 마련이다.

우리의 삶도 그렇지 않을까?
거룩하신 하나님께서 우리를 향한
그분의 뜻을 이루기 위해서.

그리고 말씀으로 이미 다 말씀하셨는데도
불구하고 여전히 모난 내가,
완벽하지 않은 내가
주님을 닮아가기 위해서 필요한 시간.

'고난'

그러기에 고난은 우리에게 유익하다.

때때로 어떤 고난은 하나님의 계획하심이 아니라
악한 사람들의 잘못된 선택과 죄로 인해
생기는 경우도 있다.

그러나 하나님께서는 그런 아팠던 시간들을
그대로 두시는 것이 아니라
하나님의 영광을 위해 사용하실 수 있는
능력의 하나님이시다.

세상에 고난이 없는 인생이란 없다.
그러기에 내가 고난의 시간을 다시 마주할 때,
이 말씀을 믿음으로 고백할 수 있는 내가 되기를 기도한다.

고난당한 것이 내게 유익이라
이로 말미암아 내가 주의 율례들을 배우게 되었나이다

시 119:71

## 29
## 솔직한 질문

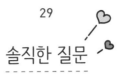

> **Q.**
>
> 하나님 전 이 세상에서
> 도대체 어떤 존재인 걸까요?
>
> 전 쓸모 있는 사람일까요?

너희는 세상의 빛이다.
산 위에 세운 마을은 숨길 수 없다.

마 5:14

(새번역)

Q.

요즘 예수님을 믿는다고,
교회 다닌다고 말하는 것이 너무 힘들어요.

ㅇㅇㅇ

그들의 시선.
가끔은 감당하기 너무 어려워요.

너희가 나 때문에 모욕을 당하고,
박해를 받고, 터무니없는 말로
온갖 비난을 받으면, 복이 있다.

마 5:11

**Q.**

하나님께 영광 돌리는 것

제 삶은 너무나 평범하고,
잘하는 것도 없는데 어떻게 하는 걸까요?
모르겠어요.

· · ·  · · ·

너희 빛을 사람에게 비추어서,
그들이 너희의 착한 행실을 보고,
하늘에 계신 너희 아버지께
영광을 돌리게 하여라

마 5:16

Q.

주님, 전 솔직히
그 사람이 정말 미워요.

도저히 용서도 안 되고
너무 싫어요.

♡

'네 이웃을 사랑하고,
네 원수를 미워하여라'하고 말한 것을
너희는 들었다.
그러나 나는 너희에게 말한다.
너희 원수를 사랑하고,
너희를 박해하는 사람을 위하여 기도하여라.

마 5:43,44

> Q.
>
> 주님, 전 사실 기도할 힘도 없어요.

슬퍼하는 사람은 복이 있다.
하나님이 그들을 위로하실 것이다.

마 5:4

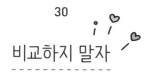

# 30
# 비교하지 말자

비교하지 말자 비교하지 말자

마음속은
전쟁상태

. . .     . . .

그 순간, 하나님께 기도하는데
내 마음의 중심이 뺏겨버린 느낌이었다.

이 하나님은 영원히 우리 하나님이시니
그가 우리를 죽을 때까지 인도하시리로다 시 48:14

하나님께서 그분의 능력과 지혜로
나를 죽을 때까지 인도하신다는데
내가 누구의 삶과 나를 비교할 수 있을까?

하나님께서 나를 인도하고 계심을
다시 한번 기억하며…

오늘 하루도 파이팅!

# 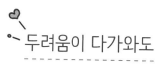 두려움이 다가와도

어떤 일은 너무 커서 그 상황이
나를 삼켜 버리고
평강이 넘쳤던 마음에
두려움이 뒤덮기 시작한다.

그러나 내 감정에 사로잡히지 않고
마음을 잡을 수 있었던 것은
말씀 때문이었다.

우리에게 있는 대제사장은
우리의 연약함을 동정하지 못하실 이가 아니요
모든 일에 우리와 똑같이 시험을 받으신 이로되
죄는 없으시니라

그러므로 우리는 긍휼하심을 받고
때를 따라 돕는 은혜를 얻기 위하여
은혜의 보좌 앞에 담대히 나아갈 것이니라

히 4:15,16

## 32

# 나는 곤고한 사람이로다

성경을 읽다가 신앙생활을 하다가
때로 괴로운 순간을 마주하게 된다.

예수님을 믿고 사랑하고
예수님의 제자로, 자녀로 살아가려고 해도
여전히 끈질기게 붙어 있는 죄.

내 안의 죄를 마주한 나. 괴롭다.

나를 속이기란 얼마나 쉬운가.
남을 속이기란 또 얼마나 쉬운가.

홀리한척

잘지내눈척

행복한척

좋은척

거절감에서
괜찮은척

수많은 척들…

그러나 사실 하나도 괜찮지 않다.

나 스스로 나에게 증명하려는 것이 무슨 소용인가?
사람들 앞에 인정과 평가가 무슨 소용이던가?

이제는 빛으로 비춰주신
나의 악함과 괴로움들

이제는 그 뿌리를, 죄의 굴레를
다 파내 뿌리 뽑고 싶다.
아니, 그러기로 작정한다.

**예수 그리스도의 십자가**가
죄에서 자유함을 사망에서 생명을 약속하셨다.

나는 너무 약하고 의로운 것 하나 없으나
십자가의 능력을 믿는다.

오호라 나는 곤고한 사람이로다 이 사망의 몸에서 누가 나를 건져내랴
우리 주 예수 그리스도로 말미암아 하나님께 감사하리로다…

롬 7:24,25

## 33

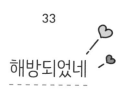

### 해방되었네

내가 극단적인 선택을 하려고 했을 때, 나를 가장 힘들게 했던 것은
멈추지 않는 나쁜 생각이었다.

그리고 그 생각은 늘 나에게 조용히 세상에서 사라지라고 말했다.
이 바쁜 세상 너 하나 없어져도 결국엔 잊혀질 거라고…

세상을 살아갈 때, 우리 마음에 들어오는
세 가지의 생각의 근원이 있다.

하나님      사단      내 자신

 그렇다면 예수님을 믿는 우리가
듣고, 믿어야 할 것은 누구의 음성일까?

사단도, 나의 생각도 아닌
오직 하나님, 하나님의 말씀뿐이다.

그런데 우리는 자신의 목소리에 더 집중할 때가 있다.
가끔은 하나님 뜻과 정반대인 목소리에도…

너는 쓸모없는 사람이야
세상에서 사라져도 아무도
슬퍼하지 않아
너는 소중하지 않아 ….
⋮

이 말은 거짓말이다!
결코! 절대 그렇지 않다!!

> 하나님은 나에게, 당신에게
> 이렇게 말씀하신다.

(현대인의 성경)

하나님이 우리 편이시면,
누가 우리를 대적하겠습니까?

롬 8:31

성령님도 우리의 연약함을 도와주십니다.
우리가 어떻게 기도해야 될지 모를 때
성령님이 말할 수 없는 탄식으로
우리를 위해 기도해 주십니다.

롬 8:26

자기 아들을 아끼지 않으시고,
우리 모두를 위하여 내주신 분이,
어찌 그 아들과 함께 모든 것을 우리에게
선물로 거저 주지 않으시겠습니까?

롬 8:32

누가 우리를 그리스도의 사랑에서 끊는단 말입니까?
고난입니까? 의로움입니까? 핍박입니까?
주림입니까? 헐벗음입니까? 위험입니까? 칼입니까?

롬 8:35

AMEN!

하나님의 말씀만

내 마음에 새깁니다.

" 그리스도 예수 안에 있는 생명의 성령의 법이

죄와 사망의 법에서 너를

해방하였음이라! "

로마서 8:2

초롱이와
하나님

#16일로마서필사

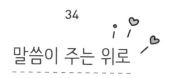

# 34

# 말씀이 주는 위로

이렇게 된 것이 다 내 탓 같을 때.
내가 했던 실수와 부주의가 너무나 부각 되어 보일 때.

상대방의 말과 조언이 나에게 너무 상처가 되어도
아무 말도 못하고 고맙다고밖에 못할 때.

때로는 참아야 하는 것도 알고
상대를 향한 이해의 폭을 더 넓히려 해도

어땠을까
그 말과 행동이
날 얼마나 힘들게 했는지
내 의사를
전달했더라면

어땠을까
내가 참고 마음에
두지 않고
한 마디라도
했더라면...

남보다 나에게 먼저 배려를 했다면
어땠을까?

시간이 지나도 상처는
내 삶과 마음에 여전히 흔적을 남긴다.

소망이 보이지 않을 때
예수 그리스도가 나의 소망이 되신다고 한다.

내 마음의 상태와
감정과 상관없이
성경 말씀을 믿는다. 붙잡는다.

하나님은 우리의 피난처시요 힘이시니
환난 중에 만날 큰 도움이시라 시 46:1

인내는 연단을, 연단은 소망을 이루는 줄 앎이로다 롬 5:4

하나님 도와주세요.
제가 이 시간을 잘 버티도록.
내 마음에 파도가 휘몰아쳐도
하나님만이 나의 소망이 되신다고
입으로 고백하고
믿음을 구합니다.

사랑이 많으신
나의 구원자
예수그리스도의 이름으로
기도합니다. 아멘

# 35

## 저녁 산책

있잖아 어쩌면
내가 아무리 기도해도

이 땅에서 얻을 수도,
볼 수도 없는 것들이 있다고 생각해.

가끔 나는 감사했었다?

하나님께서 내 기도를 들어주시지 않았던 것을 말이야.

몇 년 전에 내가 그토록 바라던 계획이 다 틀어지고

PERTH

갑자기 호주로 떠나게 된 것은
정말 큰 하나님의 선물이었으니까.

그런데 오늘은...
머리로는 다 아는데
이루어지지 않은 것이 참...
무겁고 힘겹게 다가와

그래도 슬퍼하지 말아야겠지?

하나님께서
날 인도하심을 믿으니까.

여기가 어디지,
걷다 보니 많이 걸었네.

...

벌써 새벽 1시네

돌아가자. 집으로.
아버지 품으로.

36

# 힘이 없는 날

기도는커녕 말 한마디 할 힘도 없었다.

해야 할 일은 많은데 일어날 힘도 없다.

하아...

주님 저

왜 이런데요

뭐 하나 제대로

....

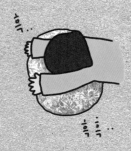

내가 나를 보면
참 소망이 안생기는데

주님 이름을 부르니
그냥 눈물이 나요.

주님의 이름에
사랑과 온유와 위로가
담겨있나봐요...

우리의 모든 환난 중에서
우리를 위로하사
우리로 하여금 하나님께 받는 위로로써
모든 환난 중에 있는 자들을
능히 위로하게 하시는 이시로다

고후 1:4

37

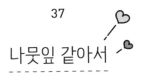

## 나뭇잎 같아서

나는 바짝 마른 나뭇잎 같아서

누가 손에 꽉 쥐기만 해도
모두 부서져 없어질 것 같다.

그러나 내가 푸른 잎으로 남을 수 있는 것은

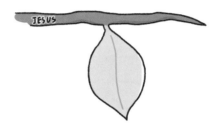

내가 예수님이라는 줄기에 붙어 있기 때문이다

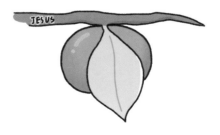

나는 열매도 맺을 수 있고

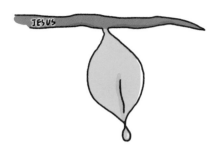

누군가에게 시원한 물방울을 떨어뜨려 주기도 하고

그리고 무엇보다 내 안에 생명이 있다.

## 예수 그리스도가 없는 나는 아무것도 아니다.

나는 포도나무요 너희는 가지라
그가 내 안에, 내가 그 안에 거하면
사람이 열매를 많이 맺나니
나를 떠나서는
너희가 아무 것도 할 수 없음이라
요 15:5

# 38
# 불면증
- - - - - -

자기 전 머릿속에 꽉 찬 생각.

새벽까지 쉽게 잠들지 못했고,
시계를 보며 한숨지을 때가 많았다.

x

x

# 38
# 불면증
- - - - - -

자기 전 머릿속에 꽉 찬 생각.

새벽까지 쉽게 잠들지 못했고,
시계를 보며 한숨지을 때가 많았다.

186

생각을 떨치려고 아무리 노력을 해도 안 되고,
내일 일정을 생각하면 잠 못 드는 이 상황이
화가 나기도 했다.

그러던 어느 날 말씀을 보았는데…

여호와께서 그의 사랑하시는 자에게는
잠을 주시는도다

시 127:2

이 말씀이 가슴 깊게 남았다.

불면증 때문에 너무 힘들 때,
이 말씀을 계속 떠올린다.

그러다 보면 어느새
걱정은 사라지고
스르르 잠이 든다.

하나님 사랑이 나의 걱정과 근심을
사르르 녹인다.

39

# 능력의 하나님을 믿느냐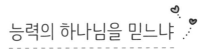

- - - - - - - - - - - - - - - - - - - - - - - - - - - - - -

아침에 눈을 뜨자마자 기도를 한다.
확신이 없는 나의 마음, 불안 가운데 있는 소망

하나님의 뜻은 무엇일까?

나의 영혼이 눌림으로 말미암아 녹사오니
주의 말씀대로 나를 세우소서
시 119:28

혼란과 걱정으로 뒤덮인 마음 가운데
주님께서 주시는 음성

## 모든 것을 뛰어넘는
## 능력의 하나님을 네가 믿느냐

**모든 것을 뛰어넘는**
**능력의 하나님을 네가 믿느냐**

**모든 것을 뛰어넘는**
**능력의 하나님을 네가 믿느냐**

믿어요. 주님.
나의 소망을 오직 주님께 둡니다.

나는 네 하나님 여호와라
바다를 휘저어서 그 물결을 뒤흔들게 하는 자이니
그의 이름은 만군의 여호와니라

사 51:15

40

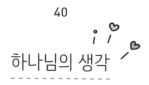

하나님의 생각

- - - - - - - - - -

하나님의 생각은
나의 생각과 너무 달라서
"주세요"라고 기도했는데

하나님께서는
남에게 네가 가진 것을
"주라"고 말씀하신다.

예..
에??

.
.
.

그래,
결정하자.

다 주고 나니
근심 걱정이 사라진다.

이제 아무것도 없는 나.
변함이 없는 내 환경.

이제 진짜 하나님께서
일하실 차례이다.

# 41

## 잠언을 통해 얻는 지혜

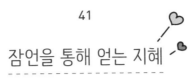

잠언 10장은 모든 절이 주옥같았다.

필사를 하면서 한절 한절 써 내려가는데
내 마음을 탁 멈추게 한 부분은 12절이었다.

미움은 다툼을 일으켜도
사랑은 모든 허물을 가리느니라
잠 10:12

지난 몇 달 동안 나는 공개적으로
말할 수 없는 불합리한 일을 겪었다.

너무 화가 났고, 억울하고 속상했다.

미움은 다툼으로 이어지기 일보 직전이었고,

나는 자기 연민에 빠지기 시작했다.

스스로 비극 드라마의 주인공으로 만드는 생각의 꼬리들…
그런데 기도하면서 정말 그러기 싫어졌다. 그러고 싶지 않았다.

또다시 전처럼 자기 연민에 빠지려는 내 모습…
그렇게 보기가 싫었다.

그리고 내가 상대를 향해 불평불만이나
안 좋은 말을 단 한마디라도 내뱉는 것을

하나님께서 원치 않으신다는 마음이 들었다.

그래서 나는 쉽지 않았지만, 상대를 향한 축복기도를 했다.

건강하게 해주세요.
하는 일이 더 잘되게 해주세요.
무엇보다 하나님과 더
가까워지게 해주세요.

그 이후에 나를 오랫동안 힘들게 했던 그 상황이,
상대방이, 더 이상 밉지 않게 되었다.

나는 사랑할 능력이 없는데,
내 안에 계신 그리스도의 사랑이
상대의 허물을 가리게 하셨어요.

그리고 제 마음에 평강을 선물로 주셨어요.

미움은 다툼을 일으켜도 사랑은 모든 허물을 가리느니라

잠 10:12

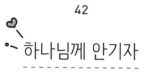

# 42
## 하나님께 안기자

내가 세상에서 제일 제일 사랑하는 조카 와니랑
단둘이 키즈카페에 간 적이 있다.

같이 신나게 놀다가 잠시 커피를 시키고 돌아왔는데

시야에서 안 보이는 와니.
순간 마음이 덜컹했다.

계단으로 올라가 장애물을 통과하는 코스 2층에

와니가 서서 나를 애타게 찾고 있었다.


내가 아래에서 이렇게 말할 수 있었지만

와니에게 뛰어가 장애물을 건너가게 해 주고
잘 통과했다고 칭찬하며 꼭 안아주었다.

그때 이런 마음이 들었다.

양손에 쥔 것을 놓지 못하고 갑자기 장애물을 마주할 때,

하나님의 도우심을 구하는 대신
생각의 고리에 빠져

하나님과의 관계가
나도 모르게 조금씩 멀어지게 된다.

그럴 때 하나님 아버지께서 원하시는 것은

내가 손에 쥔 것을 못 놓는 사람인 것을 알면서도

하나님께 가장 먼저 달려가는 것.
아버지의 이름을 부르는 것.

그분에게 의지하는 것을 원하지 않으실까?

내가 내려놓지 못하는 것이 있어도,
눈앞에 장애물이 있어 앞으로 나갈 자신이 없어도

43

# 불꽃이 모여

주님, 이 불빛을 들고 걷는 사람은
저밖에 없는 것 같아요….
주위에 아무도 보이지 않는걸요….

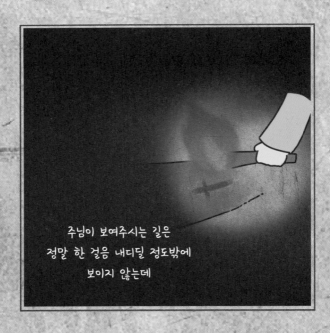

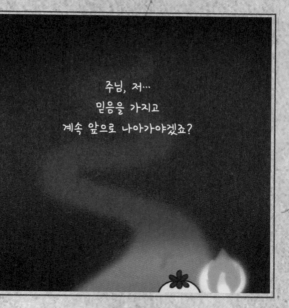

주님, 저…
믿음을 가지고
계속 앞으로 나아가야겠죠?

앗! 주님!
저 길 끝에 희미한
불꽃이 보이고 있어요!!
저 빛을 따라갈래요!

저도 저 빛에 동참할래요!

주님, 이 빛을 포기하지 않고
각자의 자리에서 묵묵히 걸어온 사람들이
이렇게나 많았다니…

주님!
주님을 따르는 사람들이
십자가를 향해 모이고 있어요!!

같이 가요!
조금만 더 힘내요!!

각자의 자리에서 묵묵히
빛과 소금의 역할을 감당하는
하나님의 자녀들이
하나님의 뜻이 펼쳐지는 곳에
한데 모여 그의 나라를
이 땅에 이루어 가는 것을 봅니다.

하나님의 거룩한 뜻을 이루기 위하여…
우리 포기하지 말아요!

PART 2

# 초롱이의 한 컷 묵상

44

# 예수님 있잖아요

## 하루중 꼭 필요한 시간

# 45

## 예수님 죄송해요

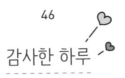

# 46
## 감사한 하루

오늘 주어진 하루에,

당연하다고 여겼던
모든 것들에,


하나님께 감사한

하루입니다.

# 죄의 큰 특성

## 죄의 가장 큰 특성은
## 중독성

나를 죄로 가까이 것들을 버리고 하는것. 거룩한

(아주 지독하고도 끈질기게 죄로 끌어당기게) 하게 하는 모든 내 삶에서 멀리 삶의 첫걸음.

쓰레기통

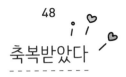

## 48
## 축복받았다

너무나 당연하다고 생각했던 것들이 사실
당연한 것이 아니다.

나는 축복받았다.
당신도 엄청 축복받았다.

하지만 우리 다 이 모든게 익숙해서
감사함을 잊어버렸을 뿐...

49

# 혼자 가는 길

----------

사람 말에 휘둘리지 말고
내 길을 묵묵히 가자.

하나님께서 나의 길을 인도하고 계심을 믿기에
기도하며 하나님의 뜻을 구하고
최선을 다함으로 내 길을 묵묵히 걸어가자.

# 50

## 결심

무슨일이 있어도 오늘

하나님 안에서 평안하기로 내 마음을 정했다.

# 51

## 위로받을 수 있는 우리

우리는
주님께 위로를 구하고
주님께 위로를 받을 수 있는
사랑받는 주의 자녀

토닥 토닥

# 로마서 12장 2절

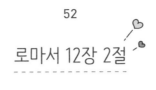

너희는 이 세대를 본받지 말고
오직 마음을 새롭게 함으로
변화를 받아
하나님의 선하시고 기뻐하시고
온전하신 뜻이 무엇인지 분별하도록 하라

로마서 12장 2절

주님 곁에
꼭 붙어있을래요
지혜를 주세요!!!

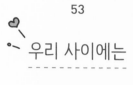

## 53
## 우리 사이에는

우리 비록 멀리 떨어져 만나지 못해도

너와 나 사이에는
주님이 계셔 ♥

PART 3

# 초롱이의 선교 여행

54

# 빛과 소금일까?

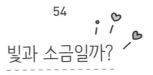

2016년, 나는 예수전도단 퍼스에서 미디어팀에 소속되어
선교사역을 하고 있었다.

우리 팀은 매주 금요일마다
퍼스시티에 가서 전도를 했다.

주님께서 찾으시는 한 영혼을 보여달라고
기도하며 거리를 걸어다니는데
기분 좋게 양손에 쇼핑백을 들고 가시는
한 아주머니를 보고

주님을 전하고 싶어 용기를 내어 말을 걸었다.

이런저런 일상적인 이야기를 나누며
서로 점점 대화가 통할 즈음

혹시 교회를 다니시는지 물어봤는데
갑자기 정색하시며 이렇게 말씀하셨다.

난 교회를 가지 앟아요. 내 남편이
크리스천인데 내 아들을 수시로
때리고 폭행하는 사람도 바고
게 남편이고요. 교회에 관해서

더 이상 이야기하고 싶지 않군요.

그리고 화가 난 표정으로 대화를
서둘러 마치고 뒤돌아 가셨다.

난 마음이 무척 아팠다.

그리고 그분과 가정을 위해 기도했다.

전도할 때마다
크리스천으로서의 책임감을 크게 느낀다.


예수를 믿는 우리는
세상에 어떤 모습으로 비춰질까?

너희는 세상의 소금이니...
너희는 세상의 빛이라...

마 5:13,14

주님께서 말씀하신 세상의 빛과 소금.

이 역할을 우리는
잘 감당하고 있는 걸까?

# 55

# 사랑할 것을 사랑하자

외할아버지 빈소에서
조문객에게 나누어 드린 레스비

이 작은 캔 하나를 보니
호주에 있던 지난날이 떠올랐다.

빚을 다 갚은 대신
꿈을 잃어버린 서른 살
한국에서의 삶이 너무 질리고 지쳐

영어도 못 하면서 무작정
호주의 선교센터로 떠났다.
(Youth With A Mission PERTH)

서른이란 나이의 무게와
그 나이가 되면 으레 갖춰야 할 것 같은

사회적 기대 - 위치, 돈, 결혼, 성과...

텅        텅

하지만 그때의 난
손에 쥔 것도, 꿈도… 아무것도 없었다.

그달러 동전 한 개가 없어서
손빨래를 하고

한국에서 마음껏 마시던 커피도
나에겐 그저 사치일 뿐이었다.

상상
만으로도

레스비 한 캔 시원하게
마셔보는 게 소원이던 때도 있었다.

어느 날 한인 교회 사모님께서 된장을
작은 통에 나누어 주셨는데

양파만 넣고 끓였지만
넘 맛있당...♥

쌀밥에 한 끼 뚝딱 먹고 선교센터로 향하면
그렇게 감사하고 행복했다.

뭐 하나 가진 것 없고 언어도, 문화도 익숙한 것
하나 없는 광야 같은 시절이었지만

그때를 생각하면 작은 것에 행복했었다.
사소한 것에도 감사했다.

지금 난, 그때에 비하면 넘치게 가지고 있다.
모든 것이 풍족하다.

그런데 나는 왜
감사하지 못하고 힘들어하고
미워하며 그렇게 혼자
분노를 삼키며 울었을까?

지나온 시간들 속에서
헛된 것에 집중하고 헛된 것을 바라며

나의 욕심과 무지함으로
하나님께 떼를 쓰며 구한 것은 없는지
돌아보게 된다.

하나님께서 허락하신 이 땅에서의 시간.

미워할 것을 미워하고
사랑할 것을 사랑하자.

그리고 오늘 하루를 허락하신 하나님께 감사하자.
우리에겐 감사할 것이 너무나 많기에…

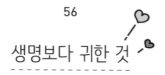

## 56
## 생명보다 귀한 것

12년 전, 중국 지하교회에서
처음으로 여름성경학교를 했을 때의 충격을
잊을 수가 없다.


한국교회와는 다르게
대부분의 예배 장소는 외양간이거나
깊은 산속 누군가의 집, 작은 거실이었다.

차타고 산속으로
2-3시간은 기본

좁은 장소에 100명이 넘는 아이들이 모였고
찬양 소리가 들리면 안 되기에

찜통처럼 더운데도 꽉 닫았던 창문에
두꺼운 스티로폼을 덧붙여 예배를 드렸고

하루는 예배 중 누군가 갑자기 찾아와
벌벌 떨면서 책상 밑에 숨어서 간절히 주님을 찾기도 했다.

이동할 때 여성용품 사이에 숨겨갔던 성경

기차에서 중국 선생님들과 서로 모른 척하며
14시간을 넘게 이동했던 날들...


그때처럼 지금도 누군가는
예배를 드리기 위해
위험을 감수해야 할지도 모른다.


또 누군가는 성경을 읽기 위해
아무도 찾을 수 없는 장소를 찾아
칠흑같이 어두운 방을 걷고 있을지도 모른다.

목숨을 걸고 지킨다는 것은
그만큼 말할 수 없이
귀하고 소중하다는 건데…

목숨을 걸고 성경을 지켜낸 사람들의
실제 이야기를 다룬 뮤지컬 '더북'을 보면서
많은 생각을 하게 되었다.

불과 몇백 년 전,
말씀의 귀함을 알고 예수 그리스도를 아는 그들은

헉헉헉

저자를
잡아라

사형!
사형!

생명을 포기하면서까지 말씀을 지키고자 했다.

# SUNDAY

습관적으로 가는 교회

그리고 성경을 아무 때나,
어디서나 읽을 수 있는데도

바쁘다고 우선순위에서
밀려나는 묵상과 통독

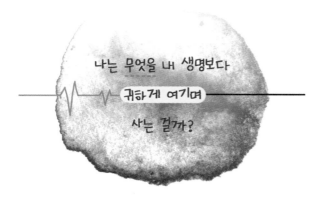

말씀을 귀하게 여길 줄 아는
부끄럽지 않은 그리스도인이 되고 싶다.

십자가가 오직 나의 자랑이 되며
세상의 주장에 타협하거나 섞이지 않고
오직 말씀의 진리를 좇는 사람

목숨을 걸고 말씀을 지켜냈던
믿음의 선조들처럼....

# 57

# 우리가 즐거운 이유

2015년, 호주에서 선교사로 헌신하기로 하고
처음으로 맡은 사역은 제자훈련학교 간사였다.

3개월의 강의 과정을 마치고
팀을 이끌고 네팔 카트만두로 향했다.

2015년 네팔 카트만두에서는 수백 명이 사망하고

살 곳을 잃게 된 대지진이 있었다.

우리 팀은 버스에 시멘트를 가득 싣고

대지진으로 남편과 아들을 잃은 아기 엄마에게
집을 지어주는 사역을 하게 되었다.

(Homes of HOPE : 집을 잃은 이웃에게 무상으로 집을 지어주는 사역)

일은 정말 고됐다.
아무런 장비도 없는 시골이어서

하나
하나
나른 벽돌
↲

날라주기

↖ 산에서
모아온 돌들

손으로 벽돌을 나르고
시멘트를 직접 물과 섞어서
손으로 벽에 발랐다.

↖ 돌을 깔고 흙으로 덮는 작업

너무 깊은 산골짜기 시골이어서
물과 전기도 제대로 갖춰 있지 않았다.

일을 마치면 근처 강가에 뛰어들어 땀을 식혔다.

우리가 머문 숙소는 나무로 지은 집이었는데,
천장에선 옥수수를 쌓아 보관하고 있어서 그런지
매일 밤 방 안에서 쥐가 레이스를 펼쳤다.

생각해보니 재미있는 에피소드가 많네 ㅎㅎ

← 밤엔 이렇게 모기장을 치고 잤어요

집 지으러 갈 때 모기장을 걷어 깔끔하게 정리!

잘 때 모기장 안으로 쥐랑
벌레가 못 들어 오도록
무거운 물건으로 사방을 막았더니

쥐가 방안 바깥쪽으로 뱅뱅 돌아서
슬리퍼로 쫓아내는 날이 부지기수였다.

그러던 어느 날 밤

우리 옆방에서는 모기장 없이
진흙으로 된 바닥에서 침낭만 깔고 자던

미국인 친구 두 명이 있었는데


방이 좁아 어깨를 거의 맞닿게 잠을 자고 있더랬다.

그런데… 어깨에 뭔가 꾸물꾸물해서 슬쩍 보니

바람이 많이 불던 그 날 밤...

쥐가 추웠는지 누워있는 두 친구 어깨 사이에
들어와 자리를 잡았다는 것이다.

점심을 먹으면서 그 이야기를 듣는데

거기 있는 모든 멤버들이랑 웃느라
정신이 없을 정도였다.

그러자 옆에 있는 남자 팀원이 하는 말

사진으로 선교하던
포토그래퍼

지난번 천둥 치고
비 정말 많이 내렸던 날
기억나?

너네 밤새 못 자서
다크서클 엄청 내려온 그날?

" 응응- 그날 사실 우리가
못잔 이유가 천둥 치고 비가 오니까

여기 저기
뚫린 구멍 →

논 한가운데 있던 남자 숙소로 사용한 교회 ✝

온갖 벌레들이랑 쥐가
비를 피하려고 우리 숙소로 들어온 거야. "

" 그래서 구멍 틈으로 들어오는 벌레를
슬리퍼로 밤새 잡느라 한숨도 못 잤어…. "

평소라면 인상을 찌푸리고
당장이라도 도망가고 싶었을 상황이었지만

우리는 웃으며 일터로 향했다.

벌레와 쥐가 들끓어도,
제대로 먹고 잘 수 없는 열악한 환경이었을지라도

이 상황들을 웃으며 넘길 수 있었던 이유는

지금 하는 일이 하나님을 기쁘시게
한다는 것을 알기 때문이었다.

좋은 소식을 전하며 평화를 공포하며
복된 좋은 소식을 가져오며 구원을 공포하며
시온을 향하여 이르기를 네 하나님이 통치하신다 하는 자의
산을 넘는 발이 어찌 그리 아름다운가

사 52:7

# 58

## 나에게 나타나신 하나님

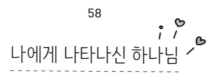

사역을 마치고 저녁을 먹은 후…

스위스에서 온 마이클과 팀 관련 문제로
남자 숙소 앞에서 회의를 하게 되었다.

남자 숙소를 소개합니다!

요기 서서
얘기 중

남자 숙소

부엌

식사 테이블

요기 아래
지하수 나오는 곳이
오픈 샤워장!

253

그런데 회의를 하면서 서로 해결점을 찾지 못하고
언쟁이 붙게 되었고,

서로 기분은 점점 상하고,
똑같은 대화가 이어졌다.

시간이 흘러 온 동네가 캄캄해졌는데…

마이클이 갑자기 대화를 끊고
남자 숙소 안으로 들어가 버렸다.

나는 너무 당황한 나머지
눈물이 뚝뚝 떨어졌다.

## 선교팀 꼭 지켜야 할 규칙. LIST

☑ 밤에 여자팀 멤버는 혼자 다니지 않고,
반드시 둘 이상 팀을 이루어 이동해야 한다.

회의 후, 마이클이 갖고 있던
손전등을 가지고
나를 여자 숙소까지 데려다 주기로 했는데

화가 나서 그냥 숙소로 들어가 버린 것이다.

그때 네팔은 너무 더웠고,

그 시간엔 남자 팀원들이 모두 상의 탈의를 하고
쉬거나 자고 있다는 것을 알았기에

다른 친구를 불러내거나
손전등을 빌릴 상황이 전혀 되지 않았다.

너무 조용해
다 자는 것  어떻게 해...
같은데...

게다가 한 치 앞도 안 보이는 논두렁을
멍하게 쳐다보고 있자니

그동안 쌓였던 서러움이 폭발해
엉엉 울기 시작했다.

경력, 결혼, 이런 모든 걱정을 뒤로하고 온 선교현장

그런데 선교지에서 나와 겪는
생각지도 못한 어려움은 너무나 많았다.

가끔은 이 선택이 잘한 선택이었나
스스로 질문하며 고민한 적도 많았는데….

캄캄한 논두렁을 앞에 두고
나를 보니 갑자기 온갖 서러움이 북받쳐서

하나님께 하소연하기 시작했다. 왕서럽..
(팀원 깰까봐 소리도 못내고 숨죽여 우는...)

하나니010101이임

그 순간 갑자기 번개가 치기 시작했다.

아무 소리 없이 번개만 휙—
번쩍! 하는 순간 논두렁 길이 환하게 보였다.

깜짝 놀라서 다시 하늘을 쳐다 봤는데
또다시 큰 번개가 쳤다.
이번에도 역시 아무런 소리 없이 고요하게…

번개가 쳤을 때,
빨리 걸음을 옮겼다.

번개가 치고

또 치고

번개가 치면 몇 발자국씩
걷고 걸었다.

주님···
다왔어요

그렇게 번개가 비쳐주는 길을 따라가다 보니
어느새 숙소에 도착하게 되었다.

그리고 번개는 멈추었다.

X X X

사람에게 고난이 닥쳤을 때,

하나님께서 친히 나타나셔서
자신을 드러낸다고 하셨다.

그 상황에
그냥 안두시고
나타나시는구나..

내가 한 선택을 의심하며
서러운 눈물만 뚝뚝 흘리던 나에게

번개로 캄캄했던 논밭을
환히 비춰주시며

숙소까지 안전하게 내 발걸음을 인도하셨던

NEPAL with JESUS ♥

사랑의 하나님을 네팔에서 만났다.

# 59

## 자이마씨 1

집짓기 사역을 마치고
우리는 한 도시에서 전도를 목표로
네팔에 몇 주 더 지내기로 했다.

Hetauda(헤타우다)로 이동중

그때 당시 네팔은 혼란의 시기여서
거리에는 시민들이 매일 밤 폭동을 일으켰고,

1년 전 호의적이었던 그들은
전도하는 우리에게 굉장히 적대적으로 변해있었다.

예전에는 복음을 전하면 열심히 듣던 청년과 아이들도

우리에게 힌두교의 꽃을 뿌리며 조롱하거나 쫓아내기 일쑤였다.

미국, 영국, 호주, 다양한 인종으로 이루어진 우리 팀은
사람들의 시선을 끌기가 더 쉬웠고,

그만큼 조롱도, 핍박도 쉽게 뒤따랐다.

그러던 어느 날, 팀원과 함께 길거리에서 풍선을 만들어주며
전도하기 위해 거리로 나섰는데

우리 쪽으로 길을 건너오는 모녀가 눈에 들어왔다.

네팔은 보통 "나마스테"라고 인사를 하는데,

✕ ✕ ✕

네팔의 크리스천은 "자이마씨"라고 인사한다.

어떻게 보면 전도할 때 네팔어를 모르는 우리가 상대방이
크리스천인지 아닌지 확인할 수 있는 방법이기도 했다.

모녀와 눈이 마주쳤을 때, "자이마씨"라고 인사를 하니
놀랍게 모녀도 활짝 웃으면서 "자이마씨"라고 인사를 했다.

❋ 인사 방법 ❋
손을 맞대고 고개를 숙이며 '자이마씨'라고 합니다.♥

기독교인을 만난 것이 너무 반가워 손짓, 발짓 다 동원해
짧게 이야기를 나누고, 풍선을 주고 헤어졌다.

전도를 마치고 숙소로 돌아와서 조용히 시간을 보내는데
그 어린아이가 눈에 아른거렸다.

그리고 다시 만나기를 소망했다.

며칠 뒤...
길에서 그 아이를 마주치게 되었다!

그때
만난
어린이

함께 지내던 통역사 자매 덕에
그 아이를 숙소로 데려와 이야기도 나누고
간식도 먹으며 즐거운 시간을 보냈다. ♥ ♥ ♥

그러던 어느 날
아이가 숙소에 찾아와 나를 집으로 초대해 주었다.

아이의 집은 허름한 상가건물에
아주 작은 방 한 칸이었는데

환한 대낮인데도 불구하고 캄캄한 공간.
한 평 남짓한 방에

아이의 부모님과
할머니까지 총 6명의 가족이 살고 있었다.

우리가 방문하니
집 안은 이미 발 디딜 틈도 없어 복도에 서 있었는데

방을 둘러보니 요리를 할 수 있는 냄비 하나,
아니, 그릇도 제대로 갖춰지지 않았다.

그럼에도 우리에게 콜라를 주시며
가족이 해줄 수 있는 최고의 것으로 우리를 대접해 주셨다.

그 따뜻한 대접은 아직도 잊을 수 없는 섬김이다. ♡ ♥

# 60

# 자이마씨 2

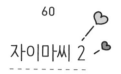

그 아이의 집을 방문한 후
며칠 동안 그 아이의 가족이,
집의 환경이 머리에서 떠나지 않았다.

돈이 없어 책가방도 없이
비닐봉지에 노트와 필기구를 넣어 다니던 아이

만날 때마다 매일 같은 옷을 입었던 아이

그럼에도 늘 해맑게 웃으며
우리를 찾아와주었던 아이

어떻게든,
무엇이든,
도와주고 싶었다.

그때 난 지인들로부터 후원을 받으며
생활하고 있었기에 통장은 늘 '0'이었다.

그 아이에게 책가방 하나, 티셔츠 몇벌
사주고 싶었는데 내 수중엔 천 원 한 장 없었다.

고민 끝에 페이스북에
이 가정의 스토리를 공유한 후
도움의 손길을 기다렸다.

네팔의 물가는 그렇게 비싸지 않기에
3만원이면 아기의 책가방, 옷가지, 필기도구 등을
충분히 살 수 있었고,

그 외에도 집에서 필요한 살림살이를 사서
풍족하게 채워주고 싶었다. 💙

하나님의 도우심이 절실했다.

며칠 후, 한동대 동아리 선배로부터
졸업 후 처음으로 메시지를 받게 되었다.

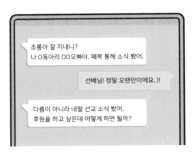

초롱아 잘 지내니?
나 O동아리 OO오빠야. 페북 통해 소식 봤어.

선배님! 정말 오랜만이에요..!!

다름이 아니라 네팔 선교 소식 봤어.
후원을 하고 싶은데 어떻게 하면 될까?

내가 올린 글을 보시고 그 가정을 돕고 싶다면서
생각지도 못한 분으로부터 도움을 받게 된 것!!

선배는 내가 생각했던 금액보다

훨씬 많은 금액을 보내주셨고,

네팔 시장을
돌아다니며
제일 좋은 밥솥,
냄비, 식기류,
책가방, 옷,
간식거리 등
다양한 것들을
담았다.

특히 내가 만났던 아이가 타고 다닐 수 있는
핑크색 어린이 자전거도 구매했다.

시장을 돌아다니며 물건을 사는 내내 너무 기뻤다.
아이에게 선물을 전달할 생각을 하니
그날 밤은 설레서 잠도 오지 않았다.

다음날, 선물을 가득 들고 집을 방문했고,

1. 냄비랑 식기구를 보시고
   미소지으시던 가족

2. 아이네 집으로 출발하기전
   숙소에서 찍은 핑크색 자전거

3. 탐험들과 현지통역인,
   아이와 함께 찍은 사진

   ( 저는 사진에 없어요ㅋㅋ-ㅋ )

우리가 가져온 것들을 보자마자
어머니는 우셨고 아이들은 뛸 듯이 기뻐했다.

건물 앞에 풀이 무성하고 돌이 많아
울퉁불퉁한 마당이었는데
핑크색 자전거를 타면서 신나게 좋아하던 아이의 모습

내 마음도 기쁨으로 가득 차올랐다.
그리고 선물을 전해주며 이렇게 말했다.

네팔에서 예수님 믿는 것이
너무 어려운 것을 잘 알아요.
하지만 예수님 믿는 믿음을
포기하지 말아요.

예수님께서 우리의 필요를
채우시는 분이라는 것을
오늘을 통해 기억하면 좋겠어요.

그리고 우리는 서로 안아주며
그렇게 한참을 울었다.

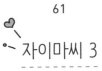

61

## 자이마씨 3

선물을 주고 온 날 밤
그렇게 행복하고 뿌듯할 수가 없었다.

하나님의 사랑을 전하는 통로가 되는 것
근래 느껴보지 못한 최고의 기쁨이었다.

우리가 떠나는 마지막 날
조용히 숙소에 나와 새벽차를 타려고 이동하려는데

그 아이가 우리가 떠난다는 소식을 들었는지

나를 보고 달려오더니 꽉 안고 엉엉 울기 시작했다.

서로 말은 통하지 않지만 우리는 알고 있었다.
다시 만나지 못한다는 것을

아이를 달래준 후,
예수님을 꼭 기억하라는 말을 남기고
우리 팀은 카트만두로 향했다.

그렇게 그 아이와 헤어졌다.

네팔에서 그 아이를 만난 지 벌써 5년이 지났다.

지금은 고등학생 정도
되었겠지?

우리의 만남은 짧았지만, 예수님께서 우리의 필요를
채워주시는 분임을 기억하면 좋겠다.

그리고 하나님의 사랑이 가슴 깊게 남았으면 좋겠다.
우리, 천국에서 다시 만날 수 있기를.

## 내가 묵상을 하고

## 웹툰 콘티를 작성하고

## 그림을 그릴 때

예수님께서 나를 보시며 기뻐하실까?

천국에서 예수님을 뵐 때에 주님께서

내가 그린 만화를 보고 뭐라고 말씀하실까?

내가 그린 예수님 캐릭터를

기억 하실까?

⋮

좋아하실까?

"잘했다, 착하고 충성된 내 딸"

이렇게 말씀하시면서

참 잘했다고 ... 꼭 안아주시면 좋겠다.

스물 세살, 스스로 포기했던 내 삶을

주님께서 포기하지 않으셨고

나에게 새 삶을 주셔서

지금까지 신실하게 인도해 주셨다.

온 세상 다 날 버려도
날 버리지 않은 주님을 위해,

새롭게 주어진 삶
헛되이 살지 않기 위해

예수님을 믿는 평범한 청년은
오늘도 성경책과 펜을 든다.

십자가 사랑이
얼마나 크고 놀라운지
온 세상에 알리기 위해...♡

주님
사랑해요
♡♡♡

## 초롱이는 하나님바라기

| | |
|---|---|
| 초판 1쇄 발행 | 2020년 10월 26일 |
| 초판 2쇄 발행 | 2020년 11월 11일 |

지은이     김초롱

펴낸이     여진구
책임편집     안수경 최은정
편집     이영주 김윤향 최현수 김아진 정아혜
책임디자인     조아라 조은혜 | 마영애 노지현
기획·홍보     김영하     해외저작권    기은혜
마케팅     김상순 강성민 허병용     마케팅지원    최영배 정나영
제작     조영석 정도봉     경영지원    김혜경 김경희

303비전성경암송학교 유니게과정    박정숙 최경식
이슬비전도학교 / 303비전성경암송학교 / 303비전꿈나무장학회    여운학

펴낸곳     규장

주소   06770 서울시 서초구 매헌로 16길 20(양재2동) 규장선교센터
전화   02)578-0003    팩스   02)578-7332
이메일   kyujang0691@gmail.com     홈페이지   www.kyujang.com
페이스북   facebook.com/kyujangbook     인스타그램   instagram.com/kyujang_com
카카오스토리   story.kakao.com/kyujangbook
등록일   1978.8.14. 제1-22

책값    뒤표지에 있습니다.
ISBN 979-11-6504-145-8 03230

---

## 규 | 장 | 수 | 칙

1. 기도로 기획하고 기도로 제작한다.
2. 오직 그리스도의 성품을 사모하는 독자가 원하고 필요로 하는 책만을 출판한다.
3. 한 활자 한 문장에 온 정성을 쏟는다.
4. 성실과 정확을 생명으로 삼고 일한다.
5. 긍정적이며 적극적인 신앙과 신행일치에의 안내자의 사명을 다한다.
6. 충고와 조언을 항상 감사로 경청한다.
7. 지상목표는 문서선교에 있다.

하나님을 사랑하는 자 곧 그의 뜻대로 부르심을 입은 자들에게는 모든 것이 合力하여 善을 이루느니라(롬 8:28)

규장은 문서를 통해 복음전파와 신앙교육에 주력하는 국제적 출판사들의
협의체인 복음주의출판협회(E.C.P.A:Evangelical Christian Publishers
Association)의 출판정신에 동참하는 회원(Associate Member)입니다.